Heike Richter

Unsere Kinder in der Krise...

Was kann ich TUN, damit es meinem Kind wieder besser geht?

Heike Richter

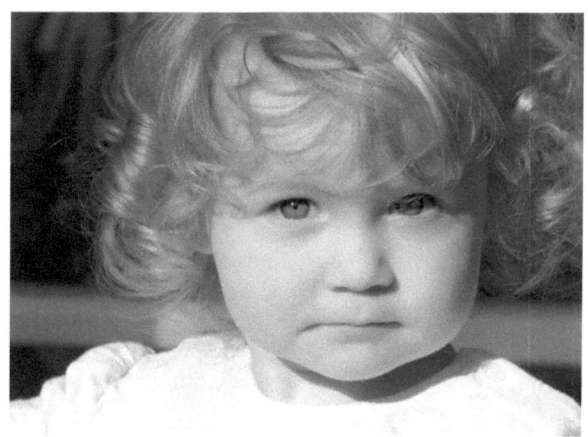

Unsere Kinder in der Krise...

**Was kann ich TUN,
damit es meinem Kind wieder besser geht?**

Bibliografische Information der Deutschen Nationalbibliothek:
Die Deutsche Nationalbibliothek verzeichnet diese Publikation
in der Deutschen Nationalbibliografie; detaillierte bibliografische
Daten sind im Internet über www.dnb.de abrufbar.

Herstellung und Verlag:
BoD – Books on Demand, Norderstedt

ISBN 978-3-75347-284-3

Inhaltsverzeichnis

Ich brauche FARBE!   10

FARBE bekennen   11

Ein GÄNZLICH anderer Ansatz!   13

Zuviel VATA   14

VATA-Symptome – bunt und unübersichtlich   16

Was kann ich TUN, damit es meinem Kind
wieder besser geht?   18

Ein LETZTER TIPP aus der Traumatherapie   25

Nachwort & Buchtipp   27

„Klein bin ich, doch ich bin gewollt...

Ich habe Eltern, die sich um mich kümmern.

Und ich bin sicher, Ihr findet einen Weg,

damit ich mich wieder besser fühlen kann...“

Ich brauche FARBE!

„Nicht, dass ich unglücklich bin... Ich bin nur so... - naja, ich kann es eigentlich gar nicht wiedergeben. Ich fühle mich eingeschränkt, ohne Worte dafür zu haben, wie ich mich fühle. Ich fühle mich bevormundet und zu etwas gezwungen, was meine Seele eigentlich nicht will. Ich muss mich an Regeln halten, die mich belasten.

Ich vermisse das FREIE SPIELEN, das LACHEN, das ich sehen kann im Gesicht meiner Freunde. Ich vermisse die FREUDE, das HERUMALBERN. Alle sind so ernst und bedrückt geworden im Laufe der Monate...

ICH FÜHLE MICH EINSAM.".

FARBE bekennen

Liebe Eltern! Es ist nicht leicht, in dieser speziellen Zeit die Herausforderungen zu meistern, die uns alle betreffen – auf die ein oder andere Weise.

Kinder können oft nicht genau ausdrücken, was sie fühlen, sie wissen nur in sich, es ist nicht so, wie es sein sollte. Und: sie reagieren auf eine Weise, die uns wach machen soll. Sie ziehen sich zurück, sie gehen nach vorn und werden aggressiv. Sie haben eine innere Unruhe, die sonst nie da war, haben Ängste, von denen sie nichts wissen, die aber ihre Handlungen und ihr Verhalten im Alltag beeinflussen.
Kurz: sie sind einem psychischen Stress ausgesetzt, den es zu bewältigen gilt.

Wir als Eltern müssen Farbe bekennen:

„ES GEHT MEINEM KIND NICHT GUT!"

Diese Erkenntnis ist die wichtigste und erste, die Sie brauchen, um weitere Schritte einzuleiten und gehen zu können.

Wenn wir uns weigern, die Probleme unserer Kinder zu betrachten, werden sie uns eines Tages dazu zwingen, sie genauer anzuschauen, aber dann kann es schwerer werden, darauf Einfluss zu nehmen. Lieber JETZT HANDELN und Folgeschäden vorbeugen.

Was kann ich als Elternteil denn nun ganz konkret TUN?

Ein GÄNZLICH anderer Ansatz!

Es ist ZEIT, neue Wege zu gehen. Die Kinderpsychiater sind ausgebucht, die Kinderpsychologen ebenfalls. Es gibt kaum mehr freie Termine, und wenn, dann mit langen Wartezeiten. Aber: JETZT geht es meinem Kind nicht gut. Ich möchte nicht warten, ich möchte etwas TUN!

Das ist lobenswert, und ich möchte Ihnen einen neuen Ansatz nahebringen, der alltagstauglich und mit geringem Zeitaufwand daheim umgesetzt werden kann. Ein Umdenken ist erforderlich, und wen dieser Ansatz näher interessiert, der beachte bitte meinen Buchtipp am Ende des Buches. Doch hier nun in der KURZVERSION Anhaltspunkte für SIE, die Ihrem Kind das Leben leichter machen können und seine Seele wieder auf Kurs bringen.

Zuviel VATA

Was wir haben, seit die Welt wegen Corona auf dem Kopf steht, ist... eine „gesellschaftliche Vata-Störung". Was, bitte, ist VATA?

VATA ist EINE Energie, die mit Pitta (Feuer) und Kapha (Erde) die Energie in uns und im Universum stabil hält. Es ist eine Dreierkomponente, und wenn diese Energien im Gleichgewicht sind, ist der Mensch psychisch und physisch gesund – so sagt man.

Ist VATA – die Luftenergie – erhöht, dann gerät sie leicht aus dem Lot, so, wie wenn ein laues Windchen plötzlich zu einem ORKAN anschwillt. Dafür gibt es Auslöser, und diese gilt es herauszufinden. Ein Aurveda-Coach kann Ihnen dabei behilflich sein.

Doch für den Hausgebrauch und als „ERSTE-HILFE-SET" hier ein paar Tipps, was man TUN KANN, um VATA zu regulieren. Diese Energie unterliegt - wie die beiden anderen auch - bestimmten Gesetzmäßigkeiten, und deshalb sind alle BEEINFLUSSBAR.

Diese Gesetzmäßigkeiten kennen ayurvedische Ärzte. Suchen Sie einen auf, wenn Sie das Gefühl haben, körperlich bereits beeinträchtigt zu sein. Psychosomatische Störungen hingegen können – wenn sie nicht übermäßig groß sind – daheim im Kämmerchen selbst ausgeglichen werden, und ich denke, es ist ein Großteil der Kinder, die nur eine geringfügige Vata-Störung haben. Für alle anderen gilt: ab zum Ayurveda-Arzt. Fündig werden Sie dazu im Internet!

Ein ZUVIEL an VATA zeigt sich in verschiedenen Symptomen. Sollten Sie eine oder mehrere bei Ihrem Kind oder auch bei sich selbst erkennen, besteht Handlungsbedarf.

VATA-Symptome – bunt und unübersichtlich

- Mangel an Konzentration
- Sich schnell ablenken lassen
- allgemein schlechte Aufnahmefähigkeit
- UNRUHE
- Asthmatische Beschwerden
- Allergien im Atembereich
- Häufiger Schluckauf, häufiges Rülpsen
- Trockene Haut
- Sprödes Haar
- Nervöse Herzrhythmusstörungen (nach Abklärung durch den Kardiologen als solche definiert)
- ADHS
- Traurigkeit
- Depressive Verstimmungen

- Gefühl der Haltlosigkeit
- Albträume
- Stottern
- Häufiges Räuspern
- Schlafstörungen (Ein- und Durchschlafstörungen)
- Überempfindlichkeit auf Geräusche
- Neurologische Probleme
- Blähungen
- Nervös bedingter Durchfall
- Häufiges Urinieren
- Unkontrollierter Urinabgang (Einnässen)
- Unregelmäßige Zähne von Geburt an
- Vergesslichkeit
- Gefühl der EINSAMKEIT

Was kann ICH tun,
damit es meinem Kind wieder besser geht?

Wir kommen gleich zur Sache. Dieses soll ein kurzes Büchlein bleiben, damit SIE einen EIN- und ÜBERBLICK über Hilfsmöglichkeiten erhalten, die nachhaltig daheim anwendbar sind. Sie ersetzen keinen Besuch beim Arzt oder Heilpraktiker und auch nicht den Besuch beim Kinderpsychologen oder Psychiater. Diese Tipps sollen ergänzen, sollen da helfen, wo die anderen Möglichkeiten versiegen oder gerade nicht greifbar sind. Ergänzend sind sie eine Chance für mehr Wohlbefinden, und genau da setzen wir an.

GEMÜTLICHKEIT
Wir alle fühlen uns wohler, wenn... es GEMÜTLICH ist. Was macht ein Zimmer, einen Raum, eine Wohnung gemütlich? Nun: FARBE.

Weiße, kahle Wände lassen keine Gemütlichkeit zu. Wir alle kennen die Atmosphäre der meisten Krankenhäuser – kahl, weiße Wände, keine Farben. Das ist UNGEMÜTLICH. Da kommt kein warmes, heimeliges Gefühl auf, das aber jeder braucht, um sich GEBORGEN zu FÜHLEN.

Sich GEBORGEN fühlen – das kann man mit weicher Kleidung, die sich angenehm und warm anfühlt: Frottee-Pyjamas und Frottee-Bettwäsche. Bunte, hübsche Bilder an den Wänden mit niedlichen Motiven, wie z.B. Tierkindern.

Warmes, weiches Licht, z.B. Farblichtlampen, bei denen man die Helligkeit dimmen kann. GRÜN und ORANGE haben den besten Einfluss auf die Seele: warme Orangetöne machen gute Laune, und grünes Licht entspannt am Abend. Blau würde ich nicht empfehlen, es ist eine KALTE FARBE. Das sollte man meiden. Rot ist zu motivierend, es schürt Aggressionen.

Was macht man nicht alles, um „es sich gemütlich zu machen"? Was fällt Ihnen noch alles dazu ein? Pflanzen mit runden Blättern (spitze Blätter und Kakteen sind nicht gut), helle Vorhänge, helle Teppiche, Teppichboden, bunte Kissen, leise, entspannende Musik. Ein Entspannungsbad!

BADEN

Warm baden ist das Beste, was man mit dem Kinde machen kann. Hinein in die Wanne und spielen... Plantschen, Geschichten erzählen und sanfte Waschungen. Alles bei gedimmtem Licht. Nichts Grelles! WÄRME tut gut und entspannt!

Eine HEISSE SUPPE!

Eintöpfe können Sie kochen ohne Unterlass. Essen Sie die gern in Ihrer Familie? Dann bitte so oft wie möglich auf den Tisch bringen! **Soße** zum Essen, FEUCHTES und WARMES. Warme TEES, warmes HONIGWASSER.

REGELMÄSSIGE ESSENSZEITEN!

Essen Sie regelmäßig zu bestimmten, festgesetzten Zeiten. Gerne auch nicht allzu spät. 17.30 Uhr ist für Viele nicht zu erreichen, aber es ist besser, früher zu essen, als nicht mehr zu verdauen. Das belastet den Organismus.

REGELMÄSSIGE ZUBETTGEH-ZEITEN!

Wann geht Ihr Kind ins Bett? Sorgen Sie dafür, dass es jeden Abend zur gleichen Zeit schlafen geht. Schaffen Sie ein Einschlafritual: erzählen Sie ein Märchen, erfinden Sie jeden Abend gemeinsam eine Geschichte (einen Satz erfinden Sie, dann den nächsten Ihr Kind, und so geht es reihum). Hören Sie sich – gemeinsam ins Bettchen gekuschelt – ein RUHIGES Hörspiel an.

SCHMUSEN SIE mit Ihrem Kind!

Körperkontakt ist ganz wichtig! Langsames Streicheln über die Haare entspannt und beruhigt. Massagen mit WARMEM

SESAMÖL sind nicht nur beruhigend, sondern senken VATA ganz enorm. LANGSAME Bewegungen sollten dabei beachtet werden! ATMEN Sie bewusst dabei. Entspannen Sie sich auch, dann entspannt sich Ihr Kind.

Babymassage-Kurse werden seit vielen Jahren angeboten, nicht ohne Grund. Körperlichkeit, die entspannt, leichte Berührungen und liebevolle Streicheleinheiten sind ÜBERLEBENSWICHTIG! Ein Baby, das keine körperliche, zärtlich-liebevolle Zuwendung erhält, stirbt!!!

So, und nun sind wir beim ALLTAG. Machen Sie alles LANGSAM: fahren Sie LANGSAM mit dem Auto, machen Sie LANGSAME Musik an, vermeiden Sie Hektik und Schnelligkeit.

WÄRME
REGELMÄSSIGKEIT
RUHE
LANGSAMKEIT

Das sind die Dinge, auf die es ankommt, um VATA zu senken. Und DASS VATA erhöht ist in diesen „unsicheren Zeiten", das zeigt das Verhalten der meisten Menschen, wenn man einen Blick dafür hat. Eine „VATA-lastige Gesellschaft" sind wir allemal seit dem Einzug der Technik und der modernen Medien. Reduzieren wir ihren Konsum: zeitlich begrenzt ist das in Ordnung, aber EXTREME erhöhen VATA. Den ganzen Tag vorm Fernseher sitzen, den ganzen Tag vorm Smartphone sitzen und „wischen", die ganze Nacht Filme sehen... - das sind EXTREME, die ungut wirken. VATA lässt sich leicht erhöhen, aber nur schwer reduzieren, wenn... es erst einmal zu einem ORKAN angewachsen ist. Nutzen Sie die Ihnen gegebenen Möglichkeiten und sorgen Sie vor!

Ihre Kinder wissen nicht, warum sie sich so fühlen, wie sie sich fühlen. Sie - als Elternteil - wissen vielleicht nicht, was VATA genau bedeutet und welchen Gesetzmäßigkeiten es unterliegt. Das ist aber auch nicht wichtig. Wenn Sie zum Arzt gehen, erzählt der Ihnen ja auch nicht, wie die Ohrspeicheldrüse aufgebaut ist und warum er jetzt diese oder jene Vorgehensweise empfiehlt. Er hat es gelernt, und Sie vertrauen ihm.

VERTRAUEN Sie in dieses System, denn VATA ist genauso existent wie die Stimme in Ihrem Radio: man kann den Moderator nicht sehen, aber seine Schwingung kommt bei Ihnen an. VATA auch!

Ein LETZTER TIPP aus der Traumatherapie

WINGWAVE – vielleicht haben Sie davon schon gehört...

Es ist eine einfache Methode, um Blockaden regelrecht „wegzuwinken".
Natürlich machen wir hier und heute keine „Traumatherapie".
Doch ein Element aus dieser Methode möchte ich Ihnen vorstellen, auf dass Sie es daheim anwenden können – völlig nebenwirkungsfrei.

Verhaken Sie Ihre Daumen ineinander, sodass Ihre Handgelenke sich kreuzen und Ihre Finger auf jeder Seite herausragen wie die Flügel eines Schmetterlings. Setzen Sie beide Daumen auf die Mitte Ihres Brustkorbs – etwas höher vom Herzen. Dann denken Sie an eine stressige Situation und fangen an, schnell mit den Flügeln des Schmetterlings zu schlagen, sprich: sie klopfen leicht mal rechts, mal links auf Ihren Brustkorb. Wenn Sie das lange genug machen, müsste der Stresspegel sinken. Er kann zwar kurzfristig erhöht werden, aber wirklich nur kurz. Danach geht es in die Entspannung. Probieren Sie es aus! Und wenn Sie den Dreh raushaben, dann machen Sie das mit Ihrem Kind. Es soll z. B. daran denken, dass es Angst vor der Arbeit hat, die es morgen schreiben soll. Dann machen Sie den Schmetterling, indem Sie hinter Ihrem Kind stehen oder zeigen es ihm, und es vollführt die Bewegungen selbst. Wichtig ist, dass sie SCHNELL vollführt werden, so schnell es geht. Und am Ende mal kräftig durchatmen!

Es gibt auch noch WINGWAVE-Musik, die man sich kostenfrei herunterladen kann. Man sollte sie ausschließlich mit KOPFHÖRERN anhören, denn nur so kann sie ihre Wirkung entfalten: mal links, mal rechts im Ohr. Geben Sie folgende Suchbegriffe ein: „Feelwave Gratis Download WINGWAVE".
Entspannen Sie und... entstressen Sie sich und Ihre Familie!

Nachwort & Buchtipp

VATA senken – dafür haben Sie jetzt einen Fahrplan.

Tun Sie sich selbst und Ihrem Kind etwas Gutes und beachten Sie diese Tipps. Sie werden staunen, wie schnell sie Wirkung zeigen.

Es ist kein „Wunder", was da passiert, es ist eine Gesetzmäßigkeit, die wirkt, genauso, wie die Schwerkraft der Erde Gegenstände anzieht: sie fallen zu Boden, wenn man sie loslässt. Provoziert man VATA mit Schnelligkeit, Unregelmäßigkeit, Hektik, Unruhe, Stress, Kälte, Wind (Sturm), Kohlensäure, Lautstärke und extremer Lebensweise – dann kann man sich auf eine VATA-Erhöhung gefasst machen und irgendwann auf eine VATA-Störung, die im Extremfall sogar schwere körperliche Schäden und Krankheiten nach sich ziehen kann.

So weit sollte man es gar nicht kommen lassen! Sie haben jetzt die wichtigsten Infos an der Hand, und sollten Sie sich dem allein nicht gewachsen fühlen, dann suchen Sie einen Ayurveda-Therapeuten auf!

Ich wünsche Ihnen allen viel Glück beim WOHLER FÜHLEN und FARBE INS LEBEN HOLEN, denn: Grautöne gibt es schon genug!

Lesen Sie bei tiefergehendem Interesse das Buch von Prof. h.c. Manfred Krames, das Ihnen das VATA-SYNDROM erklären und Ihnen aufzeigen kann, was VATA alles macht und anrichtet, welch positives Potential es in sich birgt und wie man es so beeinflusst, dass man es nutzen kann zu seinem Besten und doch nicht in einen VATA-Wirbelsturm hineinkommt, der einem „den Boden unter den Füßen entziehen kann". Trauerfälle tun genau das, und dann ist die VATA-Erhöhung vorprogrammiert. Vata entzieht uns den Boden, und wenn uns der Boden entzogen wird, erhöht sich

Vata. ERDEN, Boden unter die Füße zu bekommen – das ist der Plan und das erklärte Ziel: auf allen Ebenen unseres Seins. Und so kann VATA uns nicht nur durch die jetzige Krise tragen, sondern durch ALLE KRISEN, die uns verunsichern, die uns „aus der Bahn schmeißen".

Nutzen wir dieses Wissen, um VATA Einhalt zu gebieten und damit auch der gesellschaftlichen VATA-Entgleisung, die in einem gesellschaftlichen ORKAN enden kann, der uns alle hinwegfegt. Beachten wir: wie im Großen so im Kleinen, wie innen so außen!

Wir haben die Verantwortung. Ich habe die Verantwortung – FÜR MICH. Und ich bin ein Teil dieser Gesellschaft. Sie sind ein Teil dieser Gesellschaft. Und WIR **SIND** DIE GESELLSCHAFT!

Bringen wir WÄRME unter die Menschen, unter unsere Kinder! Schenken wir UNS und ALLEN ein Gefühl der Sicherheit und GEBORGENHEIT. Dann wird alles gut!

Herzlichst Heike Richter.

Prof. h.c. Manfred Krames

Psychosomatische Erkrankungen,
Stress und seelisches Leid haben einen neuen Namen.

Das Vata-Syndrom.

Die naturwissenschaftliche Antwort
auf das Gesundheitsproblem Nr. 1.

ISBN 978-3-89575-154-7

überarbeitete Auflage:
ISBN 978-3-96474-202-5